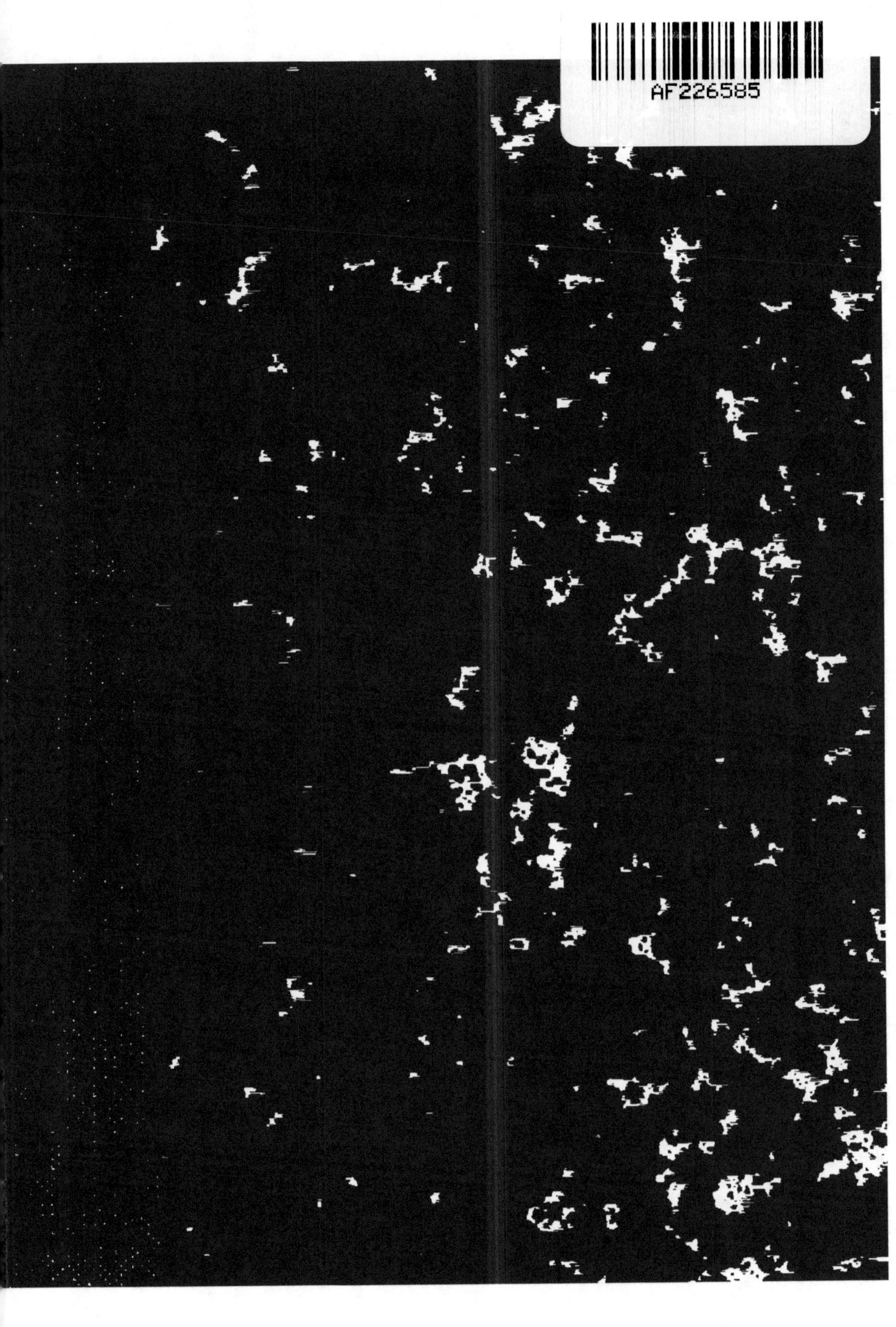
AF226585

ORAISON FUNÈBRE

DE

MGR JEAN-AIMÉ DE LEVEZOU DE VESINS

ÉVÊQUE D'AGEN

ORAISON FUNÈBRE

DE

Mgr JEAN-AIMÉ DE LEVEZOU DE VESINS

ÉVÊQUE D'AGEN

PRONONCÉE DANS L'ÉGLISE CATHÉDRALE D'AGEN

LE 20 JUILLET 1867

PAR

Mgr PIERRE-HENRI GÉRAULT DE LANGALERIE

ÉVÊQUE DE BELLEY

Qui pius, prudens, humilis, pudicus,
Sobriam duxit sine labe vitam.

(Hymne des Confesseurs.)

PRIX : 1 FRANC

Pour la Chapelle funéraire de Mgr de Vesins

AGEN

CHEZ LES PRINCIPAUX LIBRAIRES

—

1867

ORAISON FUNÈBRE

MGR JEAN-AIMÉ DE DE LEVEZOU DE VESINS

ÉVÊQUE D'AGEN

Oportet Episcopum irreprehensibilem esse, unius uxoris virum, sobrium, prudentem, ornatum, pudicum, hospitalem, doctorem ,... filios habentem subditos cum omni castitate....
non neophytum.

Il faut que l'Évêque soit irréprochable , qu'il n'ait été marié qu'une fois, qu'il soit sobre , prudent , orné de piété et de sainteté , chaste , hospitalier , capable d'enseigner ;... il faut qu'il maintienne ses enfants dans l'obéissance et dans toutes sorte d'honnêteté ,... que ce ne soit point un néophyte. (I, Tim. iii.)

Mes très-chers Frères ,

C'est déjà un grand honneur pour l'Illustrissime et Révérendissime Monseigneur Jean–Aimé de Levezou de Vesins, votre ancien Évêque, dont je viens faire l'éloge devant vous, que je puisse commencer mon discours, sans étonnement pour vos esprits, par ce texte sacré, véritable exposé des principaux devoirs et des vertus d'un Évêque. J'espère justifier l'application de chacune des paroles du passage de saint Paul au vénérable défunt par les détails dans lesquels je vais entrer. Vous m'en avez fourni un grand nombre, MES TRÈS-CHERS FRÈRES ; je ne serai bien souvent que l'écho de la renommée et de vos propres paroles ; mais il est vrai de dire que plusieurs traits de cette vie si chrétiennement, si apostoliquement remplie me sont fournis par de personnels souvenirs. Vous le savez, chers habitants d'Agen et de ce Diocèse, car ma personne, et surtout mon cœur, ne vous sont pas étrangers,[1] j'ai vécu dans l'intimité la plus grande avec votre saint Évêque ; avant son épiscopat, pendant les années de son vicariat général à Bordeaux, nous vivions ensemble : les prières, le travail, les repas, tout était commun entre nous. Nos rapports n'ont jamais cessé depuis cette époque ; notre amitié était devenue plus étroite encore par la conformité des devoirs et de la position. Aussi, c'est avec une émotion constante et profonde que j'ai travaillé à son éloge ; j'ai la ferme conviction cependant d'avoir été vrai, sincère. J'aimais bien Mgr de Vesins ; je l'aime bien encore, mes larmes en ce moment vous le disent, mais j'aime encore plus la vérité, ou plutôt Dieu qui en est le principe.

Qu'il me soit permis d'ajouter que cette étude a été pour moi fortifiante et salutaire, en ramenant mes pensées vers ce que je dois aimer le plus dans un si admirable modèle. J'espère qu'elle produira en vous tous les mêmes effets. Je le demande à Dieu du fond de mon cœur. Disons tous ensemble à cette intention la prière à la Très-Sainte Vierge, *Ave Maria.*

---

[1] Mgr DE LANGALERIE est né à Sainte-Foy, qui appartenait, avant la Révolution, au diocèse d'Agen.

Pour bien comprendre le texte de saint Paul, il faut se reporter aux origines du christianisme. L'Église nouvelle, semblable à Eve, la première femme, sortit adulte du côté entr'ouvert de Jésus–Christ, le nouvel Adam; on se convertissait à tous les âges et dans les positions les plus diverses. C'étaient des hommes, la plupart du temps mariés ou qui avaient été mariés, que l'on prenait pour en faire des Prêtres, des Évêques. Mais au moins fallait-il qu'ils n'eussent été mariés qu'une fois, *Unius uxoris virum;* et même, dans ces conditions, si leur épouse vivait encore, ils ne devaient plus la regarder que comme une sœur. Voilà l'explication de la parole de saint Paul, admise pendant seize siècles, sans qu'une seule contestation troublât sur ce point, au moins quant à l'Episcopat, la doctrine et la pratique de toutes les Églises du monde.

Il faut encore remarquer, dans le texte cité, que l'Apôtre saint Paul ne dit pas seulement ce que doit être l'Évêque après un temps plus ou moins long consacré à son divin ministère. Au jour même de l'imposition des mains, il faut le choisir tel qu'il paraisse irréprochable aux yeux des hommes, puisque Dieu voit des taches dans les Anges eux–mêmes : il doit être sobre, c'est–à–dire sévère à lui–même, prudent, orné de sainteté et de piété, chaste et modeste, hospitalier, c'est–à–dire plein de cœur et de bonté; docteur, c'est–à–dire instruit et capable d'enseigner les autres.

Telle est la conclusion à laquelle amène l'étude attentive de ce mot : *Non neophytum.* Que ce ne soit pas un néophyte, un inconnu, un homme qui n'ait pas donné déjà de solides et sérieuses garanties.

Enfin, regardant de plus près encore au texte sacré, nous verrons que plusieurs paroles de saint Paul s'appliquent principalement à la vie extérieure et publique de l'Évêque, telles que celles-ci : *Irréprochable, hospitalier, docteur;* et les autres, à sa vie intime et privée.

Cette dernière considération, M. T.-C. F., nous fournira la division principale de notre sujet et l'ordre à suivre dans ce discours. Dans une première réflexion nous verrons Mgr de Vesins remplissant, de la manière la plus irréprochable, les devoirs de son ministère. Dans une seconde réflexion nous l'étudierons dans l'intimité de sa vie et nous vous montrerons les vertus principales énoncées par saint Paul qui en ont sanctifié tous les actes, et qui ont appelé sur les œuvres de son épiscopat les plus abondantes bénédictions.

<h1 style="text-align:center">Première Partie.</h1>

———

<h2 style="text-align:center">I</h2>

La Famille.— L'Évêque doit être irréprochable dans sa famille ; s'il est marié, il ne doit l'avoir été qu'une fois ; s'il a des enfants, ils doivent faire honneur à leur père par la respectueuse déférence qu'ils ont pour lui, par l'honorabilité exceptionnelle et toute chrétienne de leur vie : *unius uxoris virum... filios habentem subditos cum omni castitate.* Mgr de Vesins qui avait vécu dans le monde avant d'être prêtre et évêque, Mgr de Vesins qui appartenait à une des plus anciennes familles du Rouergue, cette terre féconde en nobles cœurs et en vigoureux esprits, a rempli les conditions fixées par le grand apôtre pour le cas, très-exceptionnel dans le cours des âges, mais très-fréquent à l'origine du christianisme, où l'Evêque est chef de famille.

Son Em. Mgr le Cardinal Archevêque de Bordeaux, vous a dit, dans une touchante allocution échappée de son cœur, au moment où la dépouille mortelle du vénérable défunt était encore sous vos yeux, ce qu'était sa famille ; il vous l'a dit avec l'autorité qui s'attache à sa parole. Je n'oserais confirmer par mon humble témoignage des éloges tombés de si haut. Ce n'est pas d'ailleurs à un frère à louer ses frères, et des liens que j'appellerai fraternels m'unissent aux enfants de votre ancien Evêque, puisque leur digne père voulait bien voir en moi plus qu'un frère, presqu'un fils. Il faut bien cependant, comme témoin de cet intérieur de famille, et pour l'éloge de l'illustre défunt, il faut bien que je dise le respect profond, la tendresse presque religieuse qu'il inspirait aux siens. Qu'il me suffise d'ajouter que la plus haute société de Paris et de la Province, que l'administration et l'armée connaissent ses fils ; chacun d'eux a su faire respecter, aimer, bénir le nom de Vesins, et les deux anges gardiens qui veillaient ici sur cette santé si chère, si précieuse, ont répandu et laissé dans la ville d'Agen un parfum de vertu qui trahissait leur présence malgré la réserve extrême et la simplicité de leur vie.

II

Les Fidèles. — Au-dessus de la famille naturelle, il y a la famille spirituelle, la grande, l'immense famille diocésaine ; l'Evêque doit être irréprochable dans ses rapports avec elle. Il veille sur les fidèles ; il veille !... C'est là le sens direct et profond du mot Evêque. Mais *il veille* comme un père sur sa famille, comme un pasteur sur son troupeau ; père vigilant, pasteur dévoué, il doit *aimer* sa famille spirituelle, il doit chercher a en *con-*

naître tous les membres, il doit enfin la *nourrir* de sa parole et de sa doctrine. Voilà l'Evêque *Père, Pasteur* et *Docteur* dans ses rapports avec les fidèles, soit d'après saint Paul, soit surtout d'après Jésus–Christ.

1° Oui, l'Evêque doit *aimer* sa famille comme un père ; il doit l'aimer jusqu'au dévouement, jusqu'au sacrifice, jusqu'à l'immolation. Il doit travailler pour elle, se fatiguer pour elle, s'user pour elle, et à mesure qu'il sent ses forces et sa santé s'affaiblir, il doit être content, parce qu'il a donné la preuve du véritable amour. Il doit prévoir, ne devrais–je pas dire il doit rêver souvent le cas où, à des besoins suprêmes, il faudrait avec la grâce de Dieu, un acte de suprême dévouement ; et en songeant à ceux de ses frères dans l'Episcopat qui ont eu le bonheur de mourir pour leurs peuples ; en songeant par exemple à cet Archevêque martyr, compatriote de Mgr de Vesins, dont le sang fut le dernier versé dans la capitale de notre France si horriblement ensanglantée, il doit s'écrier : Ah ! que Dieu fut bon pour lui !... Ah ! qu'il fut heureux !...

Tels étaient les nobles et apostoliques sentiments de votre Evêque ; il s'est fatigué, il s'est usé au service de vos âmes, et loin de se plaindre de souffrir pour vous, il ne se plaignait que d'une chose : de ce que la souffrance l'empêchait d'aller à vous aussi souvent qu'il l'eût désiré. Toutes ses pensées, toutes ses aspirations et surtout ses prières étaient pour le bien de son cher Diocèse. Du reste, cette impuissance, qui a été le long martyre de son affection d'Apôtre et de Père, lui laissait des intervalles pendant lesquels il remplissait plus héroïquement qu'un autre, puisque c'était au prix de dou-

loureuses fatigues, les diverses fonctions de son ministère ; elle ne datait d'ailleurs que de quelques années ;
pendant près de vingt ans, sur un quart de siècle qu'a
duré son épiscopat, il vous a donné des preuves osten-
sibles et multipliées de son dévouement, non seulement
à Agen, mais dans toutes les parties du diocèse. Y a-t-
il une seule paroisse, un seul hameau qu'il n'ait visité
et peut-être plusieurs fois ? « Y a-t-il une ville quelque
peu considérable de l'Agenais où il n'ait prêché une ou
plusieurs stations d'Avent ou de Carême ? C'était bien
alors l'Apôtre-Evêque dans toute la sainteté du mot,
m'écrivait un témoin digne, par son esprit et son cœur,
d'un si touchant spectacle. [1] Je l'ai vu souvent, ajoutait-
il, je l'ai vu souvent, après les instructions du soir, malgré l'épuisement de ses forces, donner une partie de la
nuit aux confessions. Aussi, Dieu bénissait-il son zèle.
On ne résistait guère à l'autorité douce et paternelle de
sa parole. »

2° Vous le comprenez, N. T.-C. F., ces visites si
fréquentes et si laborieuses n'étaient pas seulement,
de la part de votre Évêque, un témoignage d'affection ;
elles avaient aussi pour but de vous connaître et de
vous instruire. *Connaître* autant que possible son troupeau, c'est le second devoir de l'Évêque dans ses rapports avec les fidèles. Il doit connaître ses brebis.
Pauvres brebis, s'il leur fallait venir jusqu'à nous,

---

[1] M. MANEC, ancien vicaire général de Mgr de Vesins, et l'un des
vicaires capitulaires. Nous avons emprunté d'autres citations, dans la
suite de ce discours, à la lettre de M. Manec ; elles sont indiquées
par des guillemets.

oseraient-elles ? C'est à nous à venir vers elles, c'est à nous à les visiter, à provoquer leur confiance par la bonté du cœur, la simplicité des manières. Mgr de Vesins allait partout, il allait à tous, il se laissait approcher, il se faisait approcher ; je ne sais si ce dernier mot est parfaitement français, mais il me paraît tellement épiscopal qu'on voudra bien me le pardonner. Ne l'avez-vous pas vu quelquefois avec des enfants, avec des personnes du peuple, avec des pauvres ? Peut-être aurez-vous attribué quelque chose de sa bonté à ce rôle de père qu'il avait eu dans le monde, avant de recevoir l'honneur du sacerdoce et de l'épiscopat. Vous vous seriez trompé : l'ordination, et surtout la plénitude du sacerdoce, donne à l'âme qui se livre à la grâce de l'imposition des mains quelque chose de paternel, j'oserai même dire quelque chose de maternellement paternel qui défie toutes les forces aussi bien que toutes les défaillances du simple amour naturel. Un Évêque, et surtout un Évêque comme Mgr de Vesins, ne se rend si accessible et si bon que pour mieux connaître toutes ses brebis jusqu'aux moindres agneaux et se faire connaître à elles.

3° Mais ce n'est pas assez d'aimer et de connaître, il faut instruire ; l'Évêque, le premier pasteur du diocèse, doit *nourrir* son troupeau de sa parole et de sa doctrine. Et quelle grâce particulière ne faut-il pas à l'Évêque pour s'identifier presque immédiatement avec la partie du troupeau qu'il visite et évangélise ? Quelle grâce nouvelle pour suppléer à ce qui lui manque du côté de la connaissance pratique et individuelle de chacun de ses auditeurs ; pour prendre cette influence mystérieuse de l'attitude, du geste, du regard qui fait dire aux foules émues : « Mais notre Évêque, il parle comme s'il était notre curé ? » Oh ! l'admirable orateur que cet Évêque ! le vrai docteur de saint Paul , celui qui, dans un langage où la doctrine est sûre, vraie, mais simple et à la portée de tous, fait tenir de lui ce langage !

Tel était Mgr de Vesins ; je l'ai entendu bien des fois, et sa parole pleine d'onction édifiait et touchait mon âme. On pourrait se défier ici de mon affection qui, à mon insu, influencerait mon jugement et m'aurait fait trouver, dans la voix d'un ami, le charme secret qui faisait dire à saint Jean, parlant de Jésus-Christ : « L'ami de l'époux, qui est présent et l'écoute, se réjouit en entendant la voix de l'époux.[1] » Mais j'en appelle à vous-mêmes, M. T.-C. F.; ne vous ai-je pas vus, à Agen et dans d'autres parties du diocèse, heureux et édifiés de l'entendre ? J'en appelle au témoin dont j'invoquais, il y a un instant, le consciencieux témoignage : « on ne résistait guère à l'autorité douce et paternelle de sa parole. »

« Dans ses tournées de confirmation, il ne commençait jamais la cérémonie sans adresser lui-même quelques mots aux assistants. Il a gardé cet usage jusqu'à la fin de sa vie. Dans sa dernière visite aux paroisses, et lorsqu'il ne pouvait plus rester debout, il se faisait soutenir par les prêtres qui l'entouraient, afin qu'on pût l'entendre de plus loin. On ne pouvait voir sans être attendri ce zèle survivant aux forces dans l'auguste

---

[1] Jean III, 29.

vieillard. L'arrondissement qu'il a parcouru le dernier,
cette année même, n'en perdra pas le souvenir. »

L'Évêque, au moins l'Évêque de nos jours, a, comme
docteur, une mission plus difficile à remplir que celle
d'instruire par la parole ; il faut qu'il instruise son
peuple par ses écrits ; il faut qu'il écrive. Écrire !
écrire ! quand on voudrait parler !... Ah ! c'est la langue de feu et non la plume, quelque habile et pieuse
qu'elle soit, fût-elle d'or, qui est le vrai symbole de
l'Apostolat.... Il faut du temps pour écrire, et nous
n'avons pas de temps.... Le travail personnel et les
dons naturels de l'intelligence, qui peuvent quelquefois
faire un fâcheux équilibre à ceux de la grâce et du
cœur, se retrouvent beaucoup plus dans l'écrit que
dans la parole ; et, néanmoins, il faut écrire, c'est une
nécessité de l'époque, un moyen de suppléer à l'insuf-
fisance de la parole dans nos vastes diocèses. D'ailleurs, Dieu sait travailler pour sa gloire et l'honneur
de son Église, au moyen de ces exigences imposées à
l'Épiscopat de notre temps. Nous avons, parmi nos
Évêques, des écrivains de génie ; nous retrouvons chez
tous l'élévation naturelle du sujet, la correction du langage, la noblesse et la pureté des sentiments ; le *vir
bonus* des anciens resplendit dans les mandements de
nos Évêques et leur imprime un genre particulier d'intérêt et de beauté ; puis l'autorité qu'emprunte leur
parole au caractère sacré dont ils sont revêtus et à la
mission qu'ils remplissent, donne à l'expression de
leurs pensées, quelle qu'en soit la forme, un nouveau
reflet qui peut faire pâlir les palmes académiques elles-
mêmes les plus brillantes et les plus méritées. Mgr de

Vesins avait son rang bien marqué dans cette noble phalange d'écrivains couronnés du caractère épiscopal ; la distinction de la pensée et du langage, la piété et l'onction forment le caractère principal de ses mandements et de ses écrits ; j'ai surtout remarqué et admiré une de ses lettres pastorales que vous me permettrez de vous rappeler et de vous citer dans la suite de ce discours.

La parole écrite est, pour certains Évêques, le seul moyen d'accomplir leurs devoirs envers quelques membres du troupeau éloignés par le malheur de leur naissance et de leur éducation, encore plus que par le fait de leur volonté, de la présence et des entretiens spirituels du premier pasteur. Hélas ! et je le dis avec une profonde tristesse, plusieurs d'entre nous trouvent, dans les troupeaux qui leur sont confiés, des brebis entraînées, égarées par l'hérésie ; elles sont bien à nous toujours ; elles ont beau échapper à la houlette, et même fuir la bergerie, elles sont toujours dans le bercail du cœur ; nous devons prier pour elles, chercher l'occasion de leur faire arriver une parole amie qui les avertisse et les appelle sans les blesser. Ah ! chers Protestants, je dirai, comme saint Augustin : « quand on a eu le bonheur de passer soi-même sur le pont de la miséricorde, aurait-on le courage de le fermer ou de le rompre devant des frères et des enfants. » Or, plusieurs d'entre nous, que dis-je, nous tous, catholiques, ne devons nous pas la lumière de la vraie foi à la miséricordieuse bonté de Dieu ?

Mgr de Vesins avait des protestants dans son diocèse, et en assez grand nombre. Jamais ils n'ont eu à se

plaindre de lui, et lui a souffert beaucoup à cause d'eux.
Ses plaintes et ses tristesses s'exhalaient devant Dieu.
Il espérait pourtant. Je ne sais quel ébranlement gigan-
tesque travaille le monde : les menaces de la Révolution et de l'impiété contre Rome et le Souverain Pontife se renouvelant chaque jour et toujours déjouées;
les conquêtes pacifiques de l'Église catholique dans les
missions étrangères aux prix des travaux et du sang de
ses Missionnaires ; l'admirable situation de l'Épiscopat
d'Amérique se traduisant dans les actes si récents du
dernier Concile de Baltimore ; les conversions qui
continuent en Angleterre ; les difficultés si graves dans
lesquelles se trouve le protestantisme français n'ayant
plus de symbole commun, pas même celui des Apôtres,
donnant d'ailleurs un tout autre sens que les premiers
réformateurs à plusieurs des articles du symbole apostolique ; que signifient, en effet, pour un protestant de
nos jours ces mots : « la descente aux enfers, la sainte
Église catholique, la rémission des péchés, la commu-
nion des saints? » Tout cela ressemble à un avertisse-
ment prophétique ; tout nous parait d'un bon augure,
tout, jusqu'à ces plaintes si vives exprimées, il y a
quelques mois, par le journal protestant l'*Espérance* :
« Pénible vie que celle qui nous est faite, s'écriait-il
douloureusement. Aux difficultés succèdent les difficultés, aux désordres, les désordres, et nous ne sommes
pas au bout. [1] »

----

[1] Nous empruntons ces citations à un article très-remarqué d'un
ecclésiastique de notre diocèse , M. Martin, curé de Ceyzériat, dans
le n° 5 du *Bulletin de la Société de Saint-François-de-Sales*. Cet
article éclaire de la plus vive lumière la situation actuelle du
protestantisme.

Il y aurait un moyen d'être au bout de ces désordres et de ces difficultés, ô nos enfants et nos frères, ce serait de vous jeter dans nos bras, qui vous sont toujours si largement et si tendrement ouverts; ce serait de vous réunir à ce corps épiscopal qui, uni lui-même à son Chef, subsiste depuis dix-huit siècles, fort de cette promesse, faite le premier jour et jamais démentie : « Toute puissance m'a été donnée au Ciel et sur la terre... Allez, enseignez toutes les nations... Voilà que je suis avec vous, tous les jours, jusqu'à la consommation des siècles.[1] »

III

Le Clergé. — Au-dessus des simples fidèles de toutes les classes, de toutes les opinions, de toutes les croyances, il y a dans la famille spirituelle d'un Évêque un corps à part; il en désigne les membres sous le nom significatif de Coopérateurs, de Collaborateurs; c'est le Clergé. Saint Paul semble résumer dans un mot ce que doit être l'Évêque pour mériter le titre d'*irréprochable* dans ses rapports avec le clergé : *Hospitalem !* Il doit être hospitalier. Il suffit qu'il soit hospitalier. Je m'explique. L'hospitalité de la table et de la maison dépend beaucoup des habitudes sociales du pays et des temps où l'on vit. Ce genre d'hospitalité peut être contrarié pour beaucoup d'Évêques par une foule d'exigences

---

[1] MATH. XXVIII, 18.

personnelles. De nos jours elle est devenue plus difficile encore par la rapidité des communications et les
absences si fréquentes des premiers pasteurs obligés de
parcourir leurs diocèses dans tous les sens. Mais il y a
un autre genre d'hospitalité que l'Évêque peut et doit
exercer constamment envers son clergé, c'est celle du
cœur. Cette hospitalité donne à tous les membres de la
tribu sacerdotale un accès facile et constant auprès de
leur Évêque. Elle permet à tous, même au plus humble
et au plus petit, de lui faire connaître ses peines, ses
embarras, ses difficultés, de le rendre participant de
ses joies et de ses espérances. Ah ! Prêtres bien-aimés
du diocèse d'Agen, vous n'oublierez pas cette parole si
touchante du testament de votre Évêque : « J'aime sincèrement tous les bons Prêtres dont j'ai l'honneur d'être
le chef. » Ce mot peint son cœur et résume sa vie dans
ses rapports avez vous. Oui, vous aviez vraiment l'hospitalité de son cœur parce qu'il vous aimait. Qui de
vous n'a connu, même dans ces dernières années de
crises et de souffrances presque continuelles, ce ca-
binet du Prélat, placé près du secrétariat et constamment ouvert tout le long du jour aux Ecclésiastiques qui
demandaient à le voir et à lui parler ? Là, le grand seigneur de sang et de rang se faisait bon et accessible à
tous les membres de sa famille sacerdotale. Mais peut-
être ses visites dans vos modestes presbytères vous
ont-elles laissé un souvenir plus cher et plus doux encore. « C'était là qu'il se montrait plus particulièrement
d'un abord facile et paternel. Il avait pris pour règle de
n'accepter aucune invitation en dehors de vos maisons.
Toujours Évêque, toujours d'une réserve exquise, il
prenait cependant sa bonne part de la gaieté commune

dans les réunions du presbytère qui suivaient celles de l'église. C'était à ces réunions cordiales que, dans ses récits, le saint Évêque empruntait à la fin de sa vie ses plus doux et ses meilleurs souvenirs. »

IV

Les Collègues. — Plus haut que son clergé et en dehors de son diocèse , mais dans un rang d'égalité à peu près complet , sauf en ce qui touche le Métropolitain, l'Évêque rencontre ses collègues dans l'Episcopat. Quand il s'agit d'un corps aussi éminent que l'Episcopat catholique, c'est être irréprochable pour un Évêque, c'est assez pour lui, j'ose dire que c'est tout que d'être généralement aimé, estimé, respecté par ses collègues. Telle a été la situation de Mgr de Vesins. J'ai encore présente à ma pensée une parole d'un des Évêques les plus distingués de votre province, Mgr d'Angoulême, qui a donné plusieurs fois des preuves de son estime, de son affection particulière pour Mgr de Vesins, notamment en assistant à la triste et touchante cérémonie de ses funérailles. Au Concile provincial de Bordeaux, l'amitié de votre bon et saint Évêque m'avait désigné comme secrétaire de la commission qu'il présidait. Je l'aidais de ma faible coopération, et je parlais un jour de lui à Mgr d'Angoulême, qui me répondit : « Dans nos réunions, ce qu'il dit est toujours marqué au coin du bon sens et des saines doctrines. »

Vous avez pu juger par vous-mêmes , N. T.-C. F. ,
de la sympathie qu'avaient pour lui ses collègues dans
cette belle réunion du Concile Provincial tenu dans
votre ville. Agen et tout le pays , quoique heureux de
les entendre, n'avaient pas besoin des émouvantes paroles prononcées naguère à ce sujet par Son Em. le
Cardinal de Bordeaux, pour se ressouvenir de ces im-
posantes fêtes. Ces grands , ces beaux jours vous
semblent être d'hier; l'Évêque était au comble de la
joie et du bonheur de recevoir ses collègues ; et ses
collègues lui donnaient des marques de leur respectueuse affection. Il voulait faire appel à ces sentiments
fraternels qu'ils avaient pour lui , afin de célébrer avec
eux et avec ses amis les plus intimes sa vingt-cin-
quième année d'épiscopat. Hélas ! la mort ne lui a pas
permis de réaliser ce désir. Monseigneur d'Agen était
heureux de rendre à son Métropolitain, devant le sénat
entier de la province, l'honneur plein d'affection et de
déférence qu'il lui portait , et l'Eminent Métropolitain
vous a dit ce qu'il éprouvait pour ce collègue, dont il
avait fait son égal par le cœur avant même qu'il en fît
un frère , en contribuant si puissamment à son élévation à l'épiscopat.

V

L'autorité civile. — Parvenu à ces sommets de la
hiérarchie, n'ayant trouvé jusqu'à présent devant
l'Évêque que des inférieurs ou des égaux , nous allons
rencontrer des supérieurs auxquels il doit obéissance

et respect pour se montrer en toute chose irréprochable. *Oportet Episcopum irreprehensibilem esse...* ! Il y a
pour l'Évêque un supérieur spirituel ; mais il y a aussi,
comme pour tous les citoyens du même empire, un
supérieur temporel. Nous ne craignons pas de le dire,
M. F., et nous vous devons cet exemple comme tous
les autres, celui du respect et de la soumission envers
l'autorité civile lorsqu'elle ne nous impose rien de
contraire à la loi de Dieu : *Omnis anima potestatibus
sublimioribus subdita sit...*[1] C'est par conscience et en
conscience que nous devons respecter ceux qui ont
l'autorité légitime, et obéir à ceux qui ont le droit de
nous commander. Une parole du Maître et une parole
bien connue vient encore fortifier l'enseignement du
disciple : « Rendez à César ce qui est à César... »[2]
Seulement il est bien entendu que lorsque César va trop
loin, lorsque César menace, lorsqu'il inquiète, et surtout lorsqu'il persécute, nous reprenons le texte tout
entier pour dire aux puissances, et nous redire à nous-
mêmes : « Rendez à César ce qui est à César, mais aussi
rendez à Dieu ce qui est à Dieu. » Or, ce qui est à Dieu,
c'est la liberté de notre ministère et de notre parole,
ce sont les grands principes fondement des sociétés,
les questions intéressant la foi, les mœurs, la disci-
pline et la hiérarchie. Sur ces points l'Épiscopat peut
être persécuté, il peut mourir comme en Pologne, en
Corée, il ne se rendra jamais !

Tels étaient les principes qui ont dirigé constamment
Mgr de Vesins dans ses rapports avec les puissances

------

[1] Rom. XIII, 1. — [2] Math. XXII, 21.

temporelles et les autorités civiles ; bienveillant par caractère et soumis par principe, « il savait toutefois, quand les circonstances l'exigaient, tirer de son cœur des paroles qui sauvaient la dignité et la conscience de l'Évêque ; » il savait, et il en a donné la preuve dans plusieurs de ses écrits, sauvegarder les droits de l'Église, notamment en ce qui touche l'indépendance et le pouvoir temporel de son auguste Chef.

VI

Le Saint-Siège. — Je viens de nommer l'autorité suprême à laquelle un Évêque, pour être *irréprochable*, doit être soumis sans réserve, sans limites, depuis le premier jusqu'au dernier jour de son administration épiscopale. Cette autorité-là ne saurait commander l'injustice et le mal à un degré quelconque ; elle ne peut pas nous induire en erreur dans les questions qui intéressent le salut ; on lui doit la soumission de l'esprit et la tendresse du cœur. Elle n'est pas, comme l'autorité temporelle, sujette à des révolutions de principes et à des changements de dynastie ; elle a été établie directement et immédiatement par Jésus-Christ pour être le fondement de l'Église et paître le troupeau tout entier. Un Évêque, quel qu'il soit, doit se regarder par rapport à elle comme une simple brebis ; quiconque ne recueille pas avec le Souverain-Pontife, disperse, pour parler comme saint Jérôme. Et de nos jours, un sentiment délicat auquel un Français

doit être plus accessible qu'un autre, par le dévouement chevaleresque qui caractérise notre nation, doit
nous rendre plus respectable et plus chère que jamais
cette autorité sacrée du Pontificat suprême si gran-
dement menacée, si audacieusement méconnue et
outragée. Votre Évêque pensait, sentait ainsi, et je
puis dire que le dévouement au Saint-Siége a été le
trait le plus marqué de sa vie épiscopale. Combien de fois ne m'a-t-il pas parlé du Saint-Père !
Dans ses lettres, sa main tremblante à la fin de sa
vie aimait à tracer ce nom béni. Comme Paul, il est
allé voir Pierre ; il y est allé plusieurs fois ; à son
dernier voyage, en 1862, j'étais l'heureux témoin de
son émotion et de son bonheur, le dépositaire de ses
confidences après l'audience qu'il avait obtenue du
Saint-Père. Son corps souffrait cependant ; il lui avait
fallu tout son courage et toute sa foi pour braver les
fatigues d'un long et pénible voyage. Et pourtant il le
rêvait encore ; il voulait partir cette année même pour
se rendre à l'invitation du Souverain-Pontife ; il voulait arriver à Rome « mort ou vif, » disait-il énergi-
quement aux personnes qui vivaient dans son intimité ; il engageait les prêtres, dans sa dernière
tournée, à faire le voyage de Rome ; et ce sont sans
doute les exhortations du vénérable Prélat qui ont
amené les prêtres du diocèse d'Agen en si grand nombre aux fêtes du centenaire. Il était plein de ces pensées lorsque la mort l'a frappé ; de sorte que si son
corps n'était pas à Rome lorsqu'il a rendu le dernier
soupir, son esprit, son cœur, son âme y étaient. Une
paternelle bénédiction envoyée par le Souverain-Pontife est venue adoucir ses derniers instants, et le

nom béni de Pie IX qu'il avait si souvent prononcé a eu le privilége, avec celui de Dieu, de le réveiller de son léthargique sommeil. « Au nom de Pie IX, à l'annonce de la faveur qu'il lui accordait, on vit comme un sourire de joie passer sur son visage; ses lèvres s'agitèrent comme pour rendre grâces; ce fut le dernier signe d'intérêt pour les choses de la terre que donna sa belle âme avant de monter aux cieux. »

Mais quoi, M. F., il parle encore ! *Defunctus adhuc loquitur !* Il parle encore de son amour pour le successeur de saint Pierre, pour la Chaire suprême, centre de l'unité catholique, dans une lettre qu'il vous a laissée; c'est une des plus touchantes que je connaisse sur ce sujet, si bien fait pour inspirer le cœur d'un Evêque. Permettez-moi de vous la lire comme je vous l'ai annoncé, du moins par extraits. Je le remplaçais naguère aux pieds du Souverain-Pontife : je vais le laisser parler lui-même quelques instants devant sa famille spirituelle attentive et émue.

Lettre pastorale de Monseigneur l'Évêque d'Agen.

A l'occasion de son voyage à Rome, en 1851.

Au moment de notre départ pour Rome, nous vous demandions, Nos Très-Chers Frères, de prier pour nous, afin que le Seigneur daignât bénir notre voyage. A notre retour, notre premier soin doit être de vous remercier du concours que vous nous avez prêté, par vos vœux et par les saintes œuvres que vous avez accomplies à notre intention.

En nous éloignant de vous avec la tristesse qu'inspire une longue séparation, nous vous disions que nos pensées seraient toutes pour vous et que nous allions puiser dans le plus noble cœur un nouveau zèle, une charité plus ardente pour notre troupeau. Nous sommes pressé aujourd'hui de vous exprimer les sentiments que nous avons recueillis dans notre pieux pèlerinage.

Nous n'avons pu méconnaitre l'effet de vos instances auprès de Dieu pour assurer notre traversée. Le Seigneur a rendu la mer calme, ses vagues n'ont pas mugi.

Nous vous devons ces bienfaits, N. T.-C. F. ; lorsque nous en jouissions, la pensée que vous les aviez obtenus pour nous par vos ferventes prières, nous pénétrait de reconnaissance ; recevez nos actions de grâces et l'expression de nos sentiments paternels. Votre affection nous est précieuse, nos efforts pour la conserver seront constants, nous la regarderons toujours comme le dédommagement des sollicitudes de notre épiscopat.

En nous dirigeant vers la Ville Eternelle, nous avions un double but, N. T.-C. F., celui de devenir meilleur pour vous rendre plus saints. Nous voulions étudier les devoirs de notre charge pastorale au tombeau des saints Apôtres et aux pieds de leur successeur. Nous étions avides de vénérer les insignes reliques dont Rome est si abondamment pourvue, et de voir tant d'objets faits pour élever l'âme.

Avons-nous trouvé ce que nous cherchions, et les impressions que notre cœur a gardées seront-elles vivifiantes pour vous et pour nous? Nous le désirons et nous en avons l'espoir.

Sous l'immense coupole de Michel-Ange, à Saint Pierre du Vatican, au-dessous du maitre autel où le Pape célèbre le saint-sacrifice, est une chapelle souterraine, mystérieuse et recueillie, où sont conservés, dans une précieuse châsse, les corps des saints apôtres Pierre et Paul. Tandis que le regard se perd dans ce colossal monument dont les richesses éblouissent, le cœur se fortifie dans l'étroite enceinte qui garde les précieuses reliques. C'est auprès de ces puissants intercesseurs que nous avons porté, N. T.-C. F., vos vœux et les nôtres.

Il nous semblait entendre résonner sous ces voûtes la voix du Sauveur, annonçant à son disciple ses vues sur lui, et lui découvrant les destinées de son Eglise. Il nous apparaissait recevant les clefs du royaume éternel, chargé de paître les brebis et les agneaux, afin qu'il n'y eût qu'un pasteur et qu'un troupeau.

Pour vous, N. T.-C. F., nos vœux étaient si multipliés que nous suffisions à peine à les exprimer. Nous demandions votre bonheur, non pas celui qui passe comme l'éclair, mais le bonheur éternel qui ne peut être acquis sans travail et sans souffrance. Nous intercédions pour vous auprès de celui sur qui a été édifiée l'Eglise de Jésus Christ, nous lui demandions de vous attacher fortement à cette Mère si souvent méconnue par les enfants qu'elle réchauffe sur son sein. Nous avions pour vous l'ambition des choses du Ciel, c'est pour cela que nous sollicitions à votre intention le mépris des choses de la terre et des jouissances périssables. Nous en voudriez-vous, N. T.-C. F., d'avoir appelé sur vous le bonheur réel et durable ?

Pour vous, N. T.-C. F., qui ne partagez pas nos croyances et qui cependant nous êtes si chers, nous avons prié pour qu'il n'y ait qu'un pasteur et qu'un troupeau, et cette prière sincère a fait couler des larmes de nos yeux. Notre émotion nous plaisait, il y avait dans notre cœur de l'affection et de l'espérance.

Quand nous parlions ainsi à Dieu et à ses élus, il nous semblait que nos voix et nos désirs se confondaient, et nous étions d'autant plus pressant dans l'expression de nos vœux que vous en étiez l'objet.

Aux pieds du Saint-Père, attentif et ému, pressant contre nos lèvres la main qu'il nous avait tendue avec tant de bonté, nous admirions cette noble figure sur laquelle se peignent si bien les qualités de la plus belle âme. Nous avions besoin de lui parler de vous et de nous, et notre parole était tremblante d'émotion. Sa douce voix nous captivait ; avide de l'entendre nous aurions voulu toujours l'écouter ; mais il était pressé de vous connaitre, il nous interrogeait avec une si paternelle sollicitude que notre cœur s'épanchait librement dans le sien. C'est dans cet entretien intime dont le souvenir ne s'effacera jamais pour nous, que nous avons exposé, N. T.-C. F., au bien-aimé Pontife nos consolations et nos tristesses. Il les partageait avec tant de charme que notre âme surabondait de joie. Nous sommes sûr de l'intérêt avec lequel vous écouterez ce récit simple et naïf.

Les moments s'écoulaient avec rapidité ; nous aurions voulu en arrêter le cours ; il nous semblait qu'un mot sur chacun de ceux qui nous intéressaient ne pourrait être prononcé. Nous pensions à la fois au clergé, aux saintes communautés, aux fidèles. Nous avions sur tous ces points à consoler le cœur généreux de Pie IX. En parlant de vous, N. T.-C. Coopérateurs, à quelque degré de la hiérarchie que vous apparteniez, nous avions à faire connaitre votre filiale et respectueuse soumission à la chaire de Saint-Pierre, le concours zélé que vous nous prêtez, les sacrifices que vous faites pour le bien des âmes, la constance avec laquelle vous soutenez la fatigue de vos travaux, les soins que vous mettez à propager l'instruction religieuse par le secours des congrégations.

Pieux Missionnaires, nous avons exprimé au Saint-Père notre reconnaissance pour les services que vous rendez au Diocèse et notre admiration pour l'ardente charité avec laquelle vous courez après la brebis égarée.

Ames privilégiées qui, loin du monde et dans vos modestes retraites, vous consacrez à la prière et aux œuvres qui vous sont confiées, nous avons dit toute la sécurité que nous donnent de tels auxiliaires, nous avons loué votre zèle ; que votre humilité ne s'en offense pas.

Chers Diocésains, nous avons parlé de votre foi, de votre amour pour la parole de Dieu, de votre empressement à nous accueilir dans nos tournées pastorales, de votre sympathie pour les pauvres.

A chacune de ces consolantes assertions, le sourire gracieux du Saint Pontife s'épanouissait, et ce front si calme, si serein au milieu des tribulations, semblait illuminé et nous le voyions radieux.

Il nous en coûtait de répandre quelque tristesse dans son âme, mais nous lui devions toute la vérité. Il fallait donc lui parler de l'inobservance du dimanche, de l'amour des plaisirs, de l'indécence des costumes du monde, du relâchement dans l'accomplissement des préceptes de l'Eglise, de l'oubli du devoir pascal pour un trop grand nombre d'hommes, de leur absence à nos saints offices. Nous ne saurions assez vous dire combien ce récit affligeait le cœur de Notre Père. Toutefois, son âme peut se désoler, mais de l'amertume elle n'en a jamais. Il est indulgent pour celui qui le blesse, et le pardon qui est dans son cœur est aussitôt exprimé avec la plus tendre affection. Si vous l'aviez vu comme nous élever les yeux vers le Ciel pour demander que vos cœurs soient changés, nous sommes sûr que vous n'auriez pas résisté à cette touchante invocation.

Après ces doux épanchements, nous sommes tombé aux pieds du Chef de l'Eglise, afin de recueillir ses bénédictions pour le Pasteur et le troupeau. « Très-Saint-Père, lui avons-nous dit, que personne ne soit oublié ! Daignez bénir nos séminaires et en particulier ceux qui les dirigent avec dévouement et application, comblez de vos grâces nos écoles et les saintes congrégations, amies de la jeunesse, qui les soignent avec succès. Bénissez le Clergé, tous vos enfants du Diocèse d'Agen, que les bons deviennent meilleurs, que les indifférents comprennent enfin leurs devoirs ; que la flamme divine qui brûle votre âme réchauffe la nôtre et nous rende saints. » Alors, N. T.-C. F., les mains du vénéré Pontife se sont levées sur notre tête profondément inclinée, nous avons entendu ses vœux et sa prière ; c'était un Père qui priait pour les siens. Nous nous sommes relevé confiant et plein de reconnaissance, et en nous éloignant comblé de ses bienfaits, son dernier adieu retentissait au fond de notre cœur.

. . . .

J'ajouterai maintenant un détail confidentiel à cette émouvante lecture. Au retour de cette première visite à Rome, Mᵍʳ de Vesins, me racontant les joies, les émotions qu'il avait éprouvées, me disait en souriant : « Savez-vous le compliment que m'a fait le capitaine du navire qui nous portait à Rome ? Il m'a trouvé de la ressemblance avec Pie IX. » Et on voyait combien cette parole avait flatté le cœur du bon Evêque. Pour moi, qui les ai vus l'un et l'autre et de si près. je ne trouve pas qu'il y eût ressemblance dans les traits du visage ; mais dans la physionomie, dans le sourire, dans la paix et la douceur du regard, dans la serénité et la noblesse de leurs larges fronts, oui, il y avait ressemblance. Ah ! c'est que leurs âmes se ressemblaient, c'est qu'ils puisaient l'un et l'autre aux mêmes sources pures et sacrées pour l'accomplissement de leurs devoirs ; l'homme public et l'homme extérieur se ressentent profondément des affections et des pensées qui les inspirent habituellement dans tous les actes de la vie privée. Mgr de Vesins n'a été *irréprochable* Evêque aux yeux des hommes et dans tous ses rapports publics que parce qu'il a été *orné de vertus* sous le regard de Dieu et dans l'intimité la plus secrète de sa vie ; ces mêmes vertus ont assuré le succès de son ministère, et appelé sur les œuvres de son épiscopat les bénédictions de Dieu. Le développement de cette pensée sera le sujet d'une seconde réflexion et le second point de vue de cette oraison funèbre.

Deuxième Partie.

Du caillou jaillit la lumière lorsqu'il est vivement frappé; mais il fallait bien qu'il renfermât d'avance la précieuse étincelle. Le diamant brille aux splendeurs du soleil ou à l'éclat d'un flambeau, mais les feux qu'il projette, dépendent et du poli que lui a donné la main d'un habile lapidaire et de la pureté de son eau. Le fleuve des actions extérieures et publiques d'un Evêque coule majestueux, retentissant quelquefois; il est bon, il est instructif de remonter jusqu'à ces retraites mystérieuses du lac caché au sein des montagnes, qui donne au fleuve la transparence et l'abondance de ses eaux. Une parole de l'Evangile vaut mieux encore que ces diverses comparaisons : *Ex abundantia cordis os loquitur;* « l'homme parle, on peut ajouter l'homme « agit, d'après l'abondance de son cœur.[1] »

Quelles sont les vertus principales qui doivent déterminer et qui déterminent en effet toute la vie d'un Evêque, d'un bon et saint Evêque? Nous les trouvons indiquées dans le texte de saint Paul qui a inspiré ce discours, ce texte dont la vie de Mgr de Vesins nous paraît un vivant commentaire.

Luc VI, 45.

Oportet Episcopum esse... ornatum. Nous avons traduit ces paroles par les expressions suivantes : il faut que l'Evêque soit orné de sainteté, de piété. Nous sommes autorisés à suivre cette interprétatien en rapprochant les avis donnés à Tite par saint Paul, sur les devoirs et les vertus de l'Evêque, du tableau tracé pour Timothée. Que l'Evêque soit *juste, saint*, dit le grand Apôtre à Tite, son disciple. [1] Le mot *ornatum* semble remplacé par ceux-ci : *justum, sanctum.* Ce rapprochement nous fournit un autre résultat qui a son importance; l'ampleur du mot *ornatum* dans l'épitre à Timothée, la répétition de termes presque équivalents pour rendre la même idée dans l'épître à Tite, *justum, sanctum*, nous font voir toute la pensée du grand Apôtre. Voilà bien le caractère le plus essentiel de la vertu d'un Evêque, c'est la sainteté, ou du moins la grande piété, l'attention à travailler pour Dieu seul, et sous le regard de Dieu, l'accomplissement du devoir par vertu, l'amour de Dieu et des âmes inspirant à l'Evêque un zèle ardent et en même temps plein de douceur : *benignum*; encore une fois, voilà le trait principal, tel doit être le fond de l'âme d'un Evêque.

Les autres vertus énoncées par l'Apôtre ont leur importance, elles ne sont pourtant qu'accessoires et serviront à caractériser la qualité vraiment dominatrice et maîtresse, je veux dire la piété, la sainteté!

Ainsi la piété d'un Evêque doit être accompagnée du renoncement à lui-même, de l'esprit de sacrifice et de mortification exprimé par ce mot de saint Paul

---

[1] Tit. I, 8.

sobrium. S'il ne peut pas donner beaucoup aux péni-
tences corporelles en dehors de son laborieux ministère, au moins qu'il pratique assidûment la mortification de l'esprit et du cœur, le renoncement à ses aises
et aux jouissances ; sous certaines apparences dues à
son rang et aux exigences sociales qu'il ait un profond
mépris pour les biens de la terre. *Sobrium ;* le mot de
saint Paul renferme et exprime tout cela.

Prudentem. Que la piété de l'Évêque soit revêtue de
prudence.... Oh ! combien un Évêque doit être prudent, attentif dans ses démarches, ses paroles. C'est
aux Apôtres et aux Évêques, leurs successeurs, que
Jésus-Christ a dit d'une manière toute spéciale : « Soyez
prudents comme les serpents. » Mais cette prudence
n'est pas celle de la chair et du monde ; son caractère
essentiel est de ne vouloir en toutes choses que la gloire
de Dieu et le bien des âmes, car le Sauveur ajoute :
« Soyez en même temps simples comme des colombes. »
Et cette parole semble avoir inspiré celle de saint Paul,
pudicum. Ne dirait-on pas qu'il s'agit d'un enfant, d'une
vierge chrétienne ? Mais oui ; précisément, voilà
l'Evêque ! il doit être ce qu'auraient dû être les Apôtres
lorsque Jésus-Christ leur donna une si sévère leçon en
leur présentant le petit enfant de l'Évangile. L'humilité,
qui est la virginité de l'âme, doit s'unir en lui à la pureté du cœur et à la virginité des sens ; ces vertus sont
corrélatives, étroitement liées ensemble, on peut dire
inséparables. Le cœur d'un Évêque doit être ce que
devinrent les cœurs des Apôtres à l'école du divin
Maître et du Saint-Esprit, celui d'un enfant, d'un petit
enfant, d'une vierge chrétienne, avec toute la force
d'esprit que donne la virilité de l'âge et du caractère,

et en même temps la paternité des fonctions. Voilà l'Evêque, d'après saint Paul et d'après l'Évangile.

Et il faut que l'éducation qui doit amener une pareille somme de qualités et de vertus commence de bonne heure. Cela se comprend de soi, surtout après nos explications; mais le grand Apôtre le formule expressément dans cette forte parole : *Non neophytum.*

Je vous demande pardon, mes Frères, pour cet exposé de doctrine qui peut paraître une digression; mais en le faisant, j'avais dans l'esprit, tantôt les pages de saint Paul, et tantôt la vie de mon illustre et saint ami ; je m'inspirais de ces deux souvenirs, j'espère vous le montrer dans les détails qui vont suivre.

I

Monseigneur de Vesins, malgré certaines apparences, n'était pas un néophyte, lorsque en dehors de toute participation personnelle, il fut promu à l'épiscopat ; lorsqu'il accepta ce redoutable fardeau, malgré les appréhensions de son humilité, et uniquement pour obéir à un grand devoir. Son apprentissage avait commencé au berceau; que dis-je? après le mot saisissant révélé par Son Eminence dans cette enceinte, je puis ajouter que cet agneau destiné à l'immolation du sacerdoce et de l'épiscopat, avait été formé pour cela dès le sein de sa mère. [1]

---

[1] La déclaration que fit sa mère à des juges cruels comme des bourreaux ne put les attendrir : « Il n'y a pas de mal que le lionceau que tu portes dans ton sein périsse avec toi. » — Voir le discours de Son Eminence.

C'est Dieu qui prépare lui-même et de loin les Pontifes selon son cœur ; or, la voie extérieure la plus ordinaire dont se sert la divine Providence est de leur donner une bonne, une sainte mère. Dans la vie de la plupart des Évêques et principalement de ceux qui ont été plus remarquables par leurs vertus, vous retrouverez presque toujours une mère, une bonne et sainte mère. Oh ! une mère, une mère chrétienne, une sainte mère ! La sainte mère d'un pieux et saint Évêque ! quelle œuvre touchante et merveilleuse de la divine Providence ! C'est la mère qui formera la première, avec la grâce de Dieu, ce cœur qui doit être si aimant, si bon, si miséricordieux, si paternel, si maternel ; c'est elle en même temps dont Dieu se servira pour mettre au milieu de ce cœur tout pénétré d'indulgence et de bonté cette pointe d'acier, ce diamant que l'on appelle la *conscience,* qui doit repousser les complaisances coupables et le servilisme, qui doit résister à toute atteinte, lutter contre tous les obstacles et finir par les user. Oui, ce sont en général des paroles maternelles redites au premier âge et mille fois répétées à l'oreille et au cœur d'un enfant qui trempent cet acier, qui polissent ce diamant que Dieu veut rendre d'une invulnérable dureté. Vous entendez mieux maintenant le mot de saint Paul à son cher disciple Timothée : « La foi qui est en vous a été premièrement dans votre aïeule et votre mère.[1] » Vous entendez la mère de saint François de Sales, une grande dame, dire et redire à son enfant : « C'est Dieu qu'il faut aimer par-dessus tout, car il est

------

[1] II Tim. I, 5.

souverainement bon et aimable... » Vous entendez encore la mère du petit Vianney, une simple paysanne, dire et redire à celui qui deviendra un jour le saint curé d'Ars : « Oh ! mon petit Jean-Marie, tes frères me feraient bien de la peine s'ils offensaient le bon Dieu, mais si c'était toi j'aurais plus de peine encore. »

La mère de Mgr de Vesins était de cette race choisie des mères chrétiennes, fortement et courageusement chrétiennes... Que de fois il nous en a parlé ! Quelle vénération et quelle affection il lui portait ! La prière en famille, le saint amour des pauvres, la crainte de Dieu mêlée à un sentiment profond de confiance et d'amour, il avait trouvé tout cela au foyer maternel.

Dieu procure l'éducation maternelle qui doit former ordinairement et préparer de loin le cœur d'un Evêque. Mais il prévient en même temps l'enfant de ces grâces, de ces mystérieuses bénédictions qui disposent son cœur à la vertu ; car c'est Dieu qui enrichit et qui féconde le sol, quelles que soient les mains qui l'arrosent.

Mgr de Vesins livra sa jeune âme à ce double courant de grâces intérieures et extérieures. Le sérieux de ses manières, le soin qu'il avait d'orner les autels et surtout sa piété le faisaient appeler en famille « l'abbé de Vesins. » Il était bien jeune cependant lorsqu'une vocation toute différente sembla donner un démenti aux pronostics de son enfance ; mais Dieu avait ses vues, répéterai-je après son premier et éminentissime panégyriste, en le laissant pour quelques années dans le monde, occupé des affaires publiques et engagé dans les liens de la vie de famille.

Sa piété ne fut point énervée par les joies domesti-
ques, elle s'y trempa au contraire, et il apprit la *sobriété*
de saint Paul dans les épreuves et les malheurs dont
Dieu parsema cette partie de sa carrière; la *mort*
frappa autour de lui et jusque dans son âme; sa liberté
ne lui fut rendue qu'au prix des plus douloureux sacrifices; et le père eut à briser lui-même ensuite les liens
qui le retenaient dans le monde. Sa dernière enfant
n'oubliera jamais avec quelle émotion il la quitta le jour
où il allait se renfermer au séminaire, la laissant bien
jeune encore aux mains d'une sœur vénérée. La *prudence* de l'Evêque devait se prévaloir un jour de celle
du chef de famille élevant laborieusement ses enfants,
et de celle du magistrat noblement et chrétiennement
dévoué à ses fonctions. La *modestie* et la *chasteté* de sa
vertu n'ont pas été compromises, loin de là. L'humilité
de son âme avait résisté à toutes les séductions de la
naissance et de la fortune. Quant à la chaste pudicité
de son cœur, s'il a dû oublier quelque chose du passé,
afin que l'âme du futur Evêque redevînt l'âme du petit
enfant et de la Vierge chrétienne, je puis le dire, moi
qui ai vécu trois ans dans son intimité la plus étroite,
je le dis, la main sur le cœur, dans toute la sincé-
rité et la simplicité de mon âme, la transformation
s'était faite. Je n'étais jamais sorti encore de l'arche
de la famille ou de celle du Séminaire, lorsque la
Providence m'abrita sous son aile à mes débuts
dans la vie publique. Eh bien ! je n'ai jamais rien vu,
rien entendu sur ce point délicat, qui ne m'ait profondément édifié; je vais plus loin; avec lui, je
me serais cru encore sous le regard de ma mère,
sous celui du père vénéré qui avait formé mon enfance

ecclésiastique. Je ne reviendrai plus sur ce sujet qui est pourtant l'honneur principal de notre sublime vocation ; je crois en avoir assez dit, et les vingt-cinq années de son Épiscopat l'ont montré à son peuple et à son clergé tel que je viens de le dépeindre, embaumé de ce parfum de virginale modestie, de candeur et de chasteté sacerdotale qui rendait visible en lui l'idéal que saint Paul dépeint pour l'Évêque en disant : *Oportet esse pudicum.*

Vous le voyez, M. F., l'enfance, la jeunesse et l'âge mûr de Mgr de Vesins, la disparate même de sa vie de famille ne font pas un contraste choquant avec la destination et les vertus de ses dernières années. Au contraire, avant même d'arriver au sacerdoce, il était orné de piété et d'amour pour Dieu ; sa vertu avait été *fortifiée par l'epreuve*, rendue *prudente* par la nature de ses occupations et de ses emplois ; il avait été *humble*, il avait été *chaste* et *modeste* jusqu'à retrouver aisément, après son élévation au sacerdoce, toute la *pudique* candeur du premier âge.

II

Tel il nous parut lorsqu'il arriva au milieu du clergé bordelais qui l'accueillit et l'honora comme il sait accueillir et honorer le mérite et la vertu partout où il les rencontre.

Non moins habile à discerner les hommes qu'à les mettre en œuvre, le vénérable Métropolitain, qui avait su apprécier le mérite de Mgr de Vesins, lui fournit de nombreuses occasions d'exercer son zèle ; prédications, confessions, direction de communautés religieuses, missions dans les campagnes, l'exemple même de l'ardente et infatigable activité du Chef, l'émulation de pieux collègues, tout devint pour Mgr de Vesins un moyen pratique d'avancer en vertu, en perfection sacerdotales.

Ce qui frappait le plus en lui, c'est ce que saint Paul demande de l'Évêque comme le fondement et le trait principal, *la piété ! Ornatum, justum, sanctum...*, la piété prenant sa source dans une foi vive et profonde. La Sainte Messe et le Bréviaire étaient les deux grandes actions de sa journée : avec quelle gravité, quelle modestie, quelle onction et quelle piété il célébrait la sainte Messe et récitait le saint Office ! Sa Messe était une prédication qui touchait, pénétrait l'âme ; lorsqu'il récitait son bréviaire, vous eussiez dit le serviteur d'un grand prince attentif et pénétré sous le regard de son maître. Ces deux grands devoirs ne nuisaient en rien aux pieux exercices qu'il s'était fixés. C'était invariablement par la méditation qu'il commençait sa journée ; nous nous sommes donné quelquefois la consolation de la faire ensemble, c'est un de mes plus chers souvenirs ; avec quelle émotion je retrouvais dans mes visites à l'Évêché d'Agen, sur le prie-Dieu du Prélat, ce livre de méditations que je lui avais vu à Bordeaux, cet Avancin commentant si pieusement nos Évangiles, et qui lui était devenu familier. La lecture spirituelle, le chapelet, ce touchant hommage rendu à la Très-Sainte-Vierge, la visite au Très-Saint-Sacrement, ce témoignage de vénération et d'amour envers la divine Eucharistie, tout ce que fait le plus fervent séminariste, Mgr de Vesins le faisait étant prêtre ; il a continué à le faire étant Évêque ; il l'a fait avec une piété, une foi qui croissait toujours. Ah ! un Évêque ne doit-il pas être plus *fervent* et plus *pieux* que le prêtre, le séminariste le plus *pieux* et le plus *fervent* ; et si les occupations de son saint ministère absorbent tellement quelques-unes de ses journées qu'il ne puisse trouver le temps d'accomplir ses divers exercices de piété, quel bonheur pour lui d'y revenir aux jours moins occupés d'affaires, moins écrasants par d'incessantes fatigues.

Chacune des prières qui revenaient dans la journée sur les lèvres de Mgr de Vesins était marquée par un redoublement de gravité, de modestie, d'attention ; quelle scrupuleuse vigilance à remplir tous ses devoirs ! Comme on voyait bien qu'il le faisait pour Dieu ! Il le disait d'ailleurs, et ce grand nom de Dieu, ce nom cher et sacré sortait souvent de ses lèvres avec des marques non équivoques de son respect et de son amour.

Voilà votre Évêque dans le fond même de son âme, N. T.-C. F. ; je ne crains pas d'être démenti, je ne le serai par personne. Quelques-uns des détails que je viens de donner ne vous étaient pas connus, mais l'ensemble de ce portrait d'intérieur vous le connaissiez, vous le trouvez ressemblant.... Mgr de Bordeaux l'avait dit déjà devant vous. « Mgr de Vesins était avant tout un homme de foi, » c'est-à-dire un Évêque éminemment pieux dans ses actes et ses paroles, d'après ce mot de l'Esprit-Saint : *Justus ex fide vivit.*[1] Chacun,

---

[1] Rom. I, 17.

à Agen et dans tout le diocèse, a répondu : c'est vrai, voilà notre Évêque ; car partout il a dit la messe, partout il a prié, partout il a parlé de Dieu et il était impossible de le voir prier, de l'entendre parler de Dieu sans se dire au fond du cœur : Quelle piété ! quelle foi ! quelle ferveur ! Oh ! notre Évêque, comme il est pieux, comme il aime Dieu ! Que dis-je, il suffisait de le voir ! Et si la croix qui brillait sur sa poitrine annonçait de loin un Évêque, le rayonnement de son âme sur sa physionomie et sur toute sa personne annonçait le pieux et saint Évêque. C'est le dernier souvenir que vous garderez de lui ; la dernière fois qu'il vous a été donné de le voir, l'avant-veille de sa mort et le jour même de sa foudroyante maladie, c'est ici, dans cette église, aux pieds de ces autels ! Et après sa mort, vous avez témoigné de la manière la plus touchante la pieuse admiration que vous inspirait sa vertu.

Il a donc été vraiment l'Évêque *orné de piété*, l'Évêque *juste* et *saint* tel que le demande saint Paul à ses deux disciples.

Sa piété a eu les caractères que nous avons déjà remarqués, mais avec le perfectionnement que donne un long et difficile exercice.

Mgr de Vesins, prêtre et Évêque, était *sobre*, c'est-à-dire sévère pour lui-même, mortifié et courageux dans le sacrifice.

Exact au lever du matin, d'une inviolable régularité pour ses exercices, simple dans ses repas et dans tout ce qui touchait à sa personne, l'homme du monde s'était soumis à toutes les conditions du prêtre ordinaire ; il avait deviné, par instinct de piété, les règles de nos séminaires, tant elles sont naturelles et vraies pour un prêtre; car le peu de temps qu'il avait passé dans ces maisons de noviciat ecclésiastique n'avait pu lui faire contracter des habitudes en désaccord si complet avec celles du monde; et il fut fidèle à ces saintes règles toute sa vie.

Les œuvres de zèle auxquelles il se livra, à Bordeaux et pendant tout son Épiscopat, furent un exercice continuel de mortification et de sobriété chrétienne; que de fois je l'ai vu forcé par les confessions de différer son repas, et cela sans murmure, avec la plus aimable et la plus invincible patience! Que de peine et de fatigue il s'est données dans les diverses missions qu'il a prêchées! J'ai gardé un particulier souvenir de la mission de Préchac, pauvre chef-lieu de canton perdu au fond des Landes; le bon curé était un vieillard très-vénérable, mais qui avait grand peur du nom distingué et du titre de grand-vicaire que portait le misssionnaire envoyé par Mgr l'Archevêque; cependant, à peine eut-il passé quelques jours avec son nouvel hôte, que le voyant si pieux, si simple, si oublieux de lui-même et si bon, il fut heureux et ne cessa, depuis, de bénir la Providence de lui avoir envoyé un si aimable et si pieux collaborateur.

A Bordeaux et à Agen, comme il savait sacrifier son temps, son repos, pour être utile au prochain! Il ne faisait point choix des personnes et se rendait accessible et utile à tous. Ses anciennes relations dans le monde et la piété, dont il donnait tant de preuves, amenaient à lui des gens d'une éducation distinguée dont le retour complet à la foi et aux pratiques religieuses était souvent le résultat d'un long et pénible travail. Je me souviens d'un homme nourri dans les préjugés voltairiens et les idées d'une fausse science que la grâce avait touché par l'intermédiaire de mon saint ami, mais qui mit bien du temps pour arriver au complet retour ; les visites succédaient aux visites, et elles étaient aussi longues que multipliées : c'étaient des questions sans fin sur la création du monde, sur les difficultés du texte biblique. Que de patience il fallut à votre ancien Évêque ! Elle ne défaillit jamais. Je ne pus m'empêcher de sourire, un jour que je lui avais demandé : « Eh ! bien, où en êtes-vous avec votre converti ? » Il me répondit, sans malice et avec un air d'angélique patience : « Nous ne pouvons pas sortir du déluge. »

Dieu ajouta à ces œuvres pénibles de zèle, à tous ces sacrifices si courageusement accomplis, des épreuves nombreuses ménagées par sa divine Providence. Je ne parle pas du fardeau si lourd de l'Episcopat, de ces épines de notre ministère qui couronnent notre front et l'ensanglantent si souvent au-dedans sans qu'il y paraisse au-dehors ; je ne parle pas des tristesses que nous a données à tous et à lui très-particulièrement, comme vous le disait Mgr de Bordeaux, la situation faite au Saint-Père et à la sainte Église romaine ; je ne parle pas de cette quotidienne préoccupation des églises, de toutes les églises d'un diocèse, de tous les prêtres, de toutes les personnes qui composent l'innombrable famille de l'Évêque, la jeunesse, les pécheurs, les pauvres, les affligés, les enfants... Que dire, sur ce sujet, après l'émouvant tableau tracé par saint Paul ? Je parle du surcroît que Dieu daigne ajouter pour les âmes d'élite, et qui font la part personnelle et intime de chaque Évêque plus ou moins grande, suivant qu'il est plus fort et plus aimé.

Oh! que mon pauvre ami a souffert! Souffrances de l'esprit! souffrances du cœur! et souffrances du corps! Ma main discrète doit laisser un voile sur plusieurs des peines exceptionnelles que lui a ménagées la divine Providence. Comment ne pas mentionner cependant, en présence de tous ces prêtres, la situation si douloureuse faite à Mgr de Vesins le jour où il perdit presque simultanément deux grands vicaires nouvellement choisis, jouissant de la confiance et du respect de tout le clergé agenais. L'un fut enlevé par la mort, l'autre devint infirme, et il est encore au milieu de vous, noble et édifiant débris de lui-même, mais ayant gardé tout son cœur pour rester fidèle à la sainte et profonde amitié que lui avait vouée son Évêque.

L'infirmité visita aussi de bonne heure le vénérable Prélat; il put la malmener longtemps et la faire servir au bien des âmes, dans ses courses apostoliques, qui devenaient plus méritoires en devenant plus pénibles. Il disait alors à ses intimes, qui me l'ont répété : « J'y laisse mes forces physiques, mais je sens mon âme se fortifier en parlant de Dieu, en tâchant de le faire connaître et aimer. » Il fallut pourtant s'arrêter à la fin. Le mal devint plus fort que la volonté tout énergique et intrépide qu'était celle du Prélat ; et dans les cinq dernières années de son épiscopat, sa vie fut un état de souffrances presque continuelles et une espèce de martyre. Eh bien! non-seulement il acceptait ces souffrances, mais il aimait ce martyre. Sa douceur ne se démentit jamais. Rien ne pouvait lasser sa patience. Il souffrait peut-être plus encore de la préoccupation de ne pouvoir accomplir les diverses fonctions de son ministère que des vives atteintes du mal... Et, toutefois, ce doux agneau, toujours debout par son courage, quoique immolé par la douleur, n'était-il pas une victime de propitiation et de salut pour son diocèse? Préoccupé cependant de la santé et surtout des perplexités de conscience de mon ami, je crus devoir m'en ouvrir à lui dans une de mes dernières visites et lui dire quel sacrifice il faudrait peut-être qu'il imposât à son cœur pour remplir un grand devoir. Son Eminence vous a révélé la réponse de Mgr de Vesins en vous disant la démarche pleine de courage et de prudence qu'il fit à ce sujet auprès du Saint-Siége. Le Chef lui ayant dit de rester, il est mort à son poste. Qu'il a été heureux et privilégié, malgré ses souffrances, d'avoir pu mourir au milieu de son troupeau, de n'avoir pas changé de famille spirituelle et d'être resté votre père jusqu'à la mort !

Cette solennelle démarche, inspirée par une conscience dans laquelle la voix du devoir faisait taire toute autre préoccupation et tout intérêt, vous révèle la seconde qualité requise par saint Paul dans la vertu et la piété d'un Évêque. Qu'elle soit *prudente : Oportet Episcopum esse prudentem*. Nous l'avons vu, il était préparé, formé de longue main à la pratique de la prudence chrétienne, mais il sut, comme prêtre, et surtout comme Évêque, en multiplier les pratiques, en épurer, en fortifier l'exercice.

Les principales, je pourrai dire les uniques boussoles de la prudence chrétienne, sont, après la prière, l'obéissance, le conseil demandé et suivi, la réflexion sérieusement éclairée, et enfin la pureté d'intention qui se confond, à quelques égards, avec la vertu de prudence elle même.

Mgr de Vesins, habitué à commander par son ancienne position de chef de famille et par les emplois qu'il avait remplis, savait obéir. A Bordeaux, il aimait à obéir, et jamais la parole de son vénérable Archevêque ne trouva en lui que déférence et soumission. C'était par obéissance qu'il avait accepté l'Episcopat, et dans ce haut rang s'il aima si tendrement le Souverain Pontife, comme nous avons eu occasion de vous le montrer, c'est qu'entre les autres raisons, il aimait cette autorité supérieure dont les seuls désirs deviennent des ordres pour un cœur respectueux, aimant, et dont la parole éclaire dans les moments suprêmes.

Mgr de Vesins cherchait à s'entourer de conseils lorsqu'il n'avait pas une direction plus haute que la sienne pour décider la voie qu'il avait à suivre. Tous les jours, ses grands vicaires se réunissaient auprès de lui, et il donnait à leurs observations et à leurs conseils toute facilité de se produire.

Il réfléchissait lui-même et il étudiait sérieusement les questions, il les traitait quelquefois directement et écrivait de sa propre main lorsqu'elles étaient plus importantes. Un Évêque a bien peu de temps pour entretenir les études si graves de son état. Je l'avais vu à Bordeaux étudiant chaque jour la Théologie et l'Ecriture sainte ; et je sais que pendant son épiscopat, il a été aussi fidèle que possible à cultiver cette science théologique où nous devons puiser la plupart de nos décisions.

Mais sa piété lui fournissait le grand élément de la vertu de prudence qui est la prière et surtout la pureté d'intention. Ne travailler que pour Dieu, pour sa gloire, pour l'honneur de l'Église, pour le bien du Diocèse ; ne voir que l'avantage des âmes ; se mettre soi-même de côté ; immoler tout amour propre, tout retour personnel ; appeler continuellement sur ce que l'on fait la bénédiction de Dieu, les lumières du Saint-Esprit, la protection de la T.-S. Vierge, des Anges gardiens, et des SS. Patrons du diocèse ; voilà bien ce qu'il y a de capital dans la prudence d'un Évêque, et c'était là précisément une des habitudes les plus chères et les plus constantes de Mgr de Vesins.

Aussi, Dieu a-t-il béni son travail et son ministère ; son long épiscopat a été éminemment fructueux. Plus nous nous effaçons et plus Dieu se montre ; plus nous travaillons uniquement pour Dieu, et aux œuvres que sa Providence semble suggérer et susciter elle-même au jour le jour, et suivant les besoins de chaque pays et de chaque époque, plus ce travail est béni et possède des chances de durée et de prospérité.

L'Évêque est alors « cet homme juste chanté par l'Esprit saint lui-même, qui ressemble à l'arbre planté le long des eaux, donnant en son temps et des feuilles et des fruits ; chacun de ces produits persistera ; tout ce que fait l'homme juste réussit et prospère.[1] »

---

[1] Psal. 1, 3 et 4.

III

Dans le rapide exposé que nous allons faire de ces œuvres entreprises par Mgr de Vesins et bénies de Dieu, qui ont été le témoignage éclatant d'un ministère *irréprochable* et d'une vie *ornée* de toutes les vertus épiscopales, nous commencerons par celles qu'inspirèrent plus directement sa tendre piété.

Filles du Carmel, vous savez quel paternel intérêt il vous a porté ; il a voulu vous en laisser des preuves même après sa mort ; son zèle et son affection pour vous ne sont pas étrangers à ce mouvement merveilleux parti du monastère d'Agen et qui est allé se propageant dans la fondation d'un si grand nombre d'autres monastères en dehors de ce diocèse.

Les Carmes doivent à sa protection leur établissement si remarquable de l'Ermitage. Il ne craignit pas de s'appauvrir lorsque parurent en France, et surtout dans le diocèse de Bordeaux, qui les vit renaître, ces pieux enfants du prophète Elie, ces serviteurs dévoués de Marie ; il leur donna ou du moins leur céda plusieurs membres de son Clergé.

Le culte de la Très-Sainte Vierge a été une des préoccupations les plus chères et les plus constantes de votre saint Evêque ; il aimait à faire de pieux pèlerinages en son honneur, et il les encourageait ; que de fois le sanctuaire béni de Notre-Dame de Verdelais l'a vu dans son enceinte ! Hélas ! c'est à Verdelais que nous nous sommes séparés et vus pour la dernière fois, l'année dernière. Bon-Encontre a reçu ses fréquentes visites ; c'est là sans doute qu'il a trouvé l'inspiration et puisé les moyens d'établir une maison de Missionnaires et de renouveler le sanctuaire qui tombait en ruines. La gracieuse église de Bon-Encontre, l'œuvre de son cœur et de sa charité, est devenue pour la province entière, depuis sa consécration si solennelle, l'objet des plus doux et des plus chers souvenirs.

Monseigneur de Bordeaux a dit d'une manière trop admirable ce que lui inspira son respect et son amour envers l'adorable Eucharistie pour que je veuille changer un seul mot à ce passage de son discours. « Il veut, disait l'Eminentissime prélat, il veut que celui dont il est le ministre soit dignement honoré dans ce sacrement qui est plus encore le prodige de son amour que de sa puissance. Dès lors, dans une lettre pastorale où la beauté de la forme s'unit à la plus tendre piété, il insiste sur les honneurs dus à l'adorable Eucharistie. Il rappelle, conformément aux saintes règles, qu'une lampe doit brûler nuit et jour devant le tabernacle ; il règle tout ce qui concerne le binage, les processions, les bénédictions. Il cherche à donner une grande extension à l'Adoration perpétuelle, établie aujourd'hui dans presque tous les diocèses. »

Après les œuvres de piété proprement dites, l'éducation de la jeunesse et surtout de la jeunesse ecclésiastique doit être une des premières préoccupations de l'Evêque.

Mgr de Vesins s'occupa de la surveillance des écoles ; il fonda de nombreux établissements de Sœurs pour l'éducation des jeunes filles; il encouragea par son propre exemple, l'enseignement et l'explication du catéchisme, ce livre fondamental de l'éducation de la jeunesse.

Il établit un collége ecclésiastique dans sa ville épiscopale, aussi florissant par le choix des professeurs, que par la bonne direction des études.

Le grand et le petit Séminaire lui doivent d'importantes améliorations matérielles; il encouragea et fortifia les études; il appela à la direction de son grand séminaire la Congrégation des vénérables religieux Maristes chez lesquels l'ardeur pour la science ecclésiastique s'associe merveilleusement avec le dévouement du missionnaire, avec une abnégation et un zèle tout sacerdotal. Le diocèse, la famille et les amis du vénérable prélat n'oublieront jamais les soins si admirablement dévoués que le digne Supérieur du grand séminaire a donnés à Mgr de Vesins, pendant sa dernière maladie.

Les pauvres eurent toujours une large part de son cœur; il les aida suivant ses ressources, il aurait voulu faire plus encore. Du moins il les visita, les consola et encouragea toutes les œuvres destinées à les soulager, telles que l'admirable société de Saint-Vincent-de-Paul, et les pieuses associations des dames de charité.

Tous les fidèles de son diocèse se sont ressentis des saintes ardeurs de sa charité par les missions qu'il a procurées en fondant les pères Carmes et les pères Maristes, par celles qu'il a faites lui-même comme nous l'avons dit, donnant ainsi le plus noble exemple et la plus vive impulsion aux travaux apostoliques de ses missionnaires et de son clergé.

Le matériel n'était pas négligé malgré les soins incessants donnés de préférence aux temples spirituels. Que d'édifices religieux reconstruits ou restaurés pendant son administration épiscopale! Et il n'activait pas seulement les travaux par ses encouragements; il conseillait, il dirigeait, il améliorait, car Dieu, lui avait donné dans une large mesure, le goût et le sentiment du beau. Le diocèse d'Agen, qui possède aujourd'hui un si grand nombre de charmantes églises nouvellement reconstruites, ne les doit pas seulement aux habiles architectes qui en ont dressé les plans, aux administrations intelligentes qui avaient fait choix de ces architectes; il les doit encore au prélat plein de goût, qui savait si bien reconnaître une amélioration et surtout la faire accepter.

Entre tous ces monuments, honneur du département et du diocèse, je n'en citerai qu'un, c'est celui que vous avez sous les yeux, c'est la cathédrale; je sais bien que Mgr de Vesins a trouvé pour l'aider dans cette importante restauration la bienveillance et la générosité du Gouvernement, le concours empressé de l'Administration préfectorale; je sais qu'il a eu la fortune de rencontrer un de nos peintres distingués,[1] au pinceau habile et religieux, un archiprêtre[2] aussi intelligent que dévoué à son œuvre et à son Évêque; mais c'est bien lui qui a été l'âme de cette vaste entreprise, et il s'y révèle de toutes parts, dans l'ensemble comme dans les détails.

---

[1] M. BEZAR.

[2] M. DEYCHE, doyen du Chapitre, archiprêtre de la Cathédrale.

Enfin, le clergé, plus que toute autre portion de sa famille diocésaine, a préoccupé l'esprit et le cœur de Mgr de Vesins, et c'est justice ; partout le clergé doit être la grande préoccupation d'un Évêque ; il est notre bras, notre aide, notre ressource, notre principale consolation.

C'est pour le clergé, plus encore que pour les fidèles, qu'il voulut se conformer le plus tôt possible au désir du Saint-Siége en prescrivant le changement liturgique.

C'est pour favoriser l'amour du travail sérieux et des fortes études, si amies du zèle et de la piété, qu'il a constamment encouragé, soutenu la grande œuvre des conférences ecclésiastiques. Celle des retraites annuelles ne lui était pas moins chère ; il en présidait lui-même, et avec grande édification pour son clergé, tous les exercices.

L'avenir temporel de ses prêtres ne le trouva pas indifférent ; sous son inspiration fut fondée une caisse de retraites.

Mais ce qu'il a fait de mieux parmi le clergé agenais, c'est d'avoir entretenu et ranimé parmi tous ses membres l'esprit de zèle et de piété, le bon esprit qui évite la critique et le murmure, l'esprit de famille qui fait qu'on se visite et qu'on se voit avec tant de plaisir parce qu'on s'aime réellement, fraternellement.

Toutes ces œuvres si importantes et si nombreuses ont été bénies de Dieu parce qu'elles n'ont été entreprises que pour sa gloire et pour le bien des âmes. Il a été fidèle à sa devise de famille : « C'est par la grâce de Dieu que je suis ce que je suis, » disait-elle

dans la vieille langue du pays natal ; et il l'avait re-
produite sur ses armoiries épiscopales dans toute l'in-
tégrité du texte apostolique : « *Gratiâ Dei sum id
quod sum.* » Sa vie tout entière en a été l'application.

J'oublie nécessairement bien des choses, M. T.-C. F.,
et il est d'ailleurs impossible dans un discours de ne
pas omettre plusieurs détails ; mais pour me faire pardonner plus facilement, pour jeter sur la fin de mon
discours quelques parfums de ce beau texte de saint
Paul appliqué à votre Evêque, qui nous l'a montré *irréprochable* dans son ministère, *orné des vertus épiscopales* dans son intérieur, et, par suite couronné d'œuvres et de mérites, je terminerai en citant les touchantes
et admirables paroles que l'on a trouvées après sa
mort et que l'on peut appeler le testament de son cœur :
« Je mourrai pauvre, et j'aime à dire à ma famille que
si dans ma haute position j'avais pu faire des écono-
mies, elles auraient été employées à des œuvres pies.
Je n'ai fait que peu de choses à cet égard, mais Dieu a
connu mes intentions, et j'ai la confiance que dans sa
bonté il me tiendra compte du peu que j'ai fait. Je n'ai
désiré qu'une chose « *unam petii à Domino, hanc re-
quiram ; ut inhabitem in domo Domini omnibus diebus
vitæ meæ* » (c'est-à-dire « je n'ai désiré qu'une chose,
mais je l'ai ardemment désirée, habiter dans la maison
de Dieu tous les jours de ma vie.) » Je n'ai pas assez
bien acquitté ma dette de reconnaissance pour la grâce
que Dieu m'a faite de devenir son ministre, tout indigne
que j'en étais. Je lui demande pardon de toutes mes
fautes, et si j'ai offensé quelqu'un dans le cours de mon

saint ministère, je déclare que je n'en ai jamais eu la volonté. Je n'ai rien sur le cœur contre qui que ce soit, et j'aime sincèrement tous les bons prêtres dont j'ai l'honneur d'être le chef. J'espère mourir dans la grâce de Dieu, dans les sentiments de foi, d'espérance, de charité, de vive contrition de tous les péchés que j'ai commis dans le cours de ma vie. Je demande à M. Mouran de veiller à la simplicité de mon enterrement, et je ne veux rien que ce qui est indispensable en pareil cas ; je désire que mon corps repose dans la petite chapelle bâtie dans le cimetière de Bon-Encontre ; mon seul désir est de reposer dans le diocèse que j'ai arrosé de mes sueurs. »

Vos deux seuls désirs seront satisfaits, ô mon digne et saint ami ! Pour votre âme vous ne désiriez que le ciel ; vos vertus et vos travaux vous en auront ouvert l'entrée ; pour votre dépouille mortelle, vous désiriez tenir encore par un dernier lien à votre bien-aimé diocèse ; ce vœu sera rempli. Mais vous resterez parmi vos enfants d'une manière et plus étroite et plus utile ; le souvenir de vos saints exemples demeurera gravé au plus profond de leurs âmes.

O pays et ville d'Agen, n'est-il pas vrai, vous n'oublierez jamais votre saint Evêque ? Vous vous souviendrez de ses pieuses exhortations ; vous vous conformerez aux exemples qu'il vous a laissés... Non, non, vous ne serez pas ingrats envers la divine Providence. Savez-vous que ce sol a été bien privilégié ? Aux premiers siècles de l'Église, vos martyrs ont été une des gloires du Christianisme ; le nom de Ste Foy, votre admirable vierge martyre, s'était répandu dans toutes les Gaules ;

et les chrétiens qui souffrirent la mort à son exemple furent si nombreux dans vos murs que la poussière de vos places publiques, comme celle de Rome, devenait des reliques empourprée qu'elle était par le sang des glorieux confesseurs. Or voilà que de nos jours où la charité semble se refroidir et la foi se perdre dans un si grand nombre d'âmes, la fécondité catholique du pays agenais lui a fait produire un grand poète, qui était aimé, encouragé par votre Evêque, grand par le génie, grand par le cœur et la foi. [1]

Mais ce qui est bien plus précieux encore, Dieu vous a gratifiés de pieux et saints pontifes ; le premier a renoué la chaîne brisée par la Révolution, et pendant quarante ans il édifia le diocèse par sa piété ; le second, c'est celui que nous pleurons, pendant vingt-cinq ans vous a prodigué tous les trésors de sa belle âme... Oh ! Agen ! oh ! diocèse bien-aimé ! soyez fidèles, faites monter vos supplications vers le Ciel, et ne doutez pas que le troisième anneau destiné par la main de Dieu à s'enlacer aux deux autres, ne se montre digne de continuer la chaîne. — AMEN.

---

[1] JASMIN.

Agen, impr. de P. Noubel.